# L'amour interdit de Magalie

## Johanne Landers

Jlprudhomme@msn.com

http://jlprudhomme.wix.com/johanne-landers

http://facebook.com/johanne.landers

ISBN10 : 2924494265

ISBN-13: 978-2924494264

— Dépêche-toi Magalie, nous sommes prêts à partir.

— Oui, j'arrive.

Tasha avait été demandé dans tous les coins de la planète cette année, mais elle se faisait un honneur de ne jamais toucher leurs vacances de Noel.

— J'ai si hâte de tous les revoirs.

— Moi aussi. Tu sais Magalie, tante Chloé m'a demandé si tu retournais encore cette année passer les vacances d'été.

— Oui, pourquoi je n'irais pas et pourquoi t'a-t-elle demandé cela maman?

— Elle croit que maintenant que tu as seize ans, que tu ne voudrais peut-être plus y aller.

— Ah!

— Quoi? Ah!

— Bien, peut-être que je suis trop âgé maintenant. Elle préfère que je n'y aille peut-être plus tu crois?

— Non Magalie, je t'assure qu'ils adorent t'avoir avec eux. J'en suis certaine et moi aussi je préfère que tu sois avec eux. Mes périodes folles sont l'été et je n'ai aucun temps à te consacrer.

— Alors je peux! C'est ce que je veux aussi, tu sais.

— Bien, ils seront heureux.


Elles arrivèrent en date du vingt décembre et Raphael revenait de son collège en date du vingt-trois décembre.


Magalie aimait beaucoup Raphael, jamais pendant tous les étés qu'elle avait dû passer avec eux, il ne l'avait négligé.


— Bonjour, je suis là, il y a une Magalie ici?

— Ah! c'est Raphael.

Magalie sauta de son lit et courut s'accrocher au cou de Raphael.

— Bonjour Magalie, je vois que tu n'as pas perdu l'habitude de m'étouffer dès mon arrivée.

— Bonjour Raphael, tu m'as tellement manqué.

Tous souriaient de les voir enlacés à nouveau.

— Dis-moi tout. Comment s'est passé ton semestre?

— Lasse-moi entrer, goûter à la vraie nourriture de maman et ensuite je te dirai. Tu as pris ton petit déjeuner toi?

— Non, je le prends avec toi.

Il prit le temps de regarder Magalie du coin de l'oeil.

— "Ouf! Elle n'est définitivement plus une gamine celle-là. Elle est à couper le souffle".

— Nous avons une surprise pour toi.

— Ah oui!

— Maman t'a fait un très beau cadeau ce Noel et nous voulions te le donner maintenant.

— J'ai bien hâte de voir ça. Mais pourquoi maintenant? C'est Noel dans quelques jours.

— Tu dois l'avoir tout de suite.

— Très bien, si tu le dis.

— Viens, c'est à l'écurie.

— Non ! pas un nouveau cheval?

— Attends de voir, c'est peut-être une chèvre, qui sait.


Tous rirent du commentaire de Magalie, il n'y avait qu'elle pour dire des choses pareilles.


— Bon, oui Raphael c'est un cheval.

— Magalie, tu me le dis avant que nous arrivions à l'écurie, tu aurais dû dire "Non Raphael ce n'est pas ça"

— Mais c'est un nouveau cheval.


Raphael se frappa le front de la paume de sa main.

— Ah! je le sais maintenant Béta.

Magalie le fit courir jusqu'à l'écurie.

— Whouaw! Pas un Mustang, il est magnifique Magalie.

— Oui, il l'est. Moi aussi j'en un, regarde il est là.

— Quelles belles bêtes. Tu l'as monté toi?

— Non, je t'attendais. Ton père dit qu'il faut les évaluer et prendre des promenades aux petits trots pour débuter.

— Oui, c'est pour pouvoir savoir comment les chevaux vont réagir à différents éléments sur la ferme ici.

— Tu veux faire un tour tout de suite?

— Oui, bien d'accord. Quand sont-ils arrivés sur la ferme?

— Hier. Je n'ai pas donné de nom au mien encore. Je voulais le faire avec toi aussi.

— Moi je sais exactement le nom que je lui donne.

— C'est quoi?

— Ataka

— Ataka?

— Oui, Ataka. Toi, tu as un nom pour le tien?

— Hum, je crois que je vais choisir Masha. Ça ressemble beaucoup au nom de maman. Tasha et Masha. J'ai vu ce nom une fois dans une revue. C'était le nom d'un chien alors je crois que moi je peux le donner à un cheval.

— Alors ce sera Masha et Ataka.

Ils sortirent les chevaux pour marcher avec eux. Josh vint les rejoindre pour s'assurer que tout allait bien et qu'ils étaient pour suivre les conseils à la lettre qu'ils avaient donné à Magalie.

Les chevaux bien sellés, ils firent une longue promenade au trot avec leur cheval. Ils avaient beaucoup d'hectares de terrain pour se promener avec les chevaux. Ils allèrent jusqu'à leur endroit préféré où Josh leur avait fait une cabane quand ils étaient encore petits.

— La vue est si belle ici et si paisible. J'adore venir ici, même l'hiver, ça reste de toute beauté.

— Tu aimes beaucoup la campagne toi. C'est vrai que nous y sommes bien. Avant je ne rêvais que d'aller vivre en ville et maintenant que j'y suis, je m'ennuie beaucoup de la ferme.

Ils passèrent beaucoup de temps avec leur cheval. Tasha regarda Magalie rejoindre Raphael et Josh à l'écurie.

— Ils sont vraiment contents tous les deux de leur cheval. Merci d'avoir donné cela à Raphael, depuis le temps qu'il nous parle de chevaux Mustang.

— Ce n'est rien, j'ai aussi fait plaisir à ma fille. Je les aime beaucoup tous les deux. Merci encore pour ces belles vacances de Noel que nous avons passé. Ça va toujours pour que Magalie revienne pour les vacances d'été?

— Oui, certainement. Elle sera toujours la bienvenue dans cette maison et nous aimons l'avoir parmi nous.

Les vacances arrivaient à leur fin.

— Raphael, les parents sortent tous ce soir, tu veux qu'on regarde un film ensemble?

— J'ai déjà perdu assez de temps, j'ai un travail à remettre à mon retour et je n'ai rien de fait encore.

— Sur quoi fais-tu ton travail?

Il lui sourit.

— Imagine-toi que j'ai choisi les chevaux.

— Bien entendu, pourquoi me demandais-je? Je peux t'aider?

— Non tu ne peux pas m'aider, c'est mon travail.

— Pourquoi? s'il vous plait Raphael.

— Tu vas faire mon travail à ma place?

— Non, je vais t'aider.

— Pas question. Regarde ton film et moi je vais travailler.

Une fois les parents partis, Raphael se mit au travail et Magalie regarda son film.

Deux heures plus tard, Raphael allait voir comment était son film et se prendre quelque chose à boire. Il trouva Magalie endormie sur le canapé. Il éteignit le téléviseur et la regarda dormir quelques minutes.

"Elle devient une très belle femme".

Il décida de la prendre dans ses bras et de l'amener dans son lit. Elle s'éveilla et le prit par le cou.

— Qu'est-ce que tu fais?

— Je te porte dans ton lit parce que tu t'étais endormie pendant ton film.

Elle mit sa tête sur l'épaule de Raphael, l'embrassa sur la joue et referma les yeux.

— Merci Raphael.

Il la déposa dans son lit délicatement.

— J'ai fait mon exercice pour la journée juste à t'avoir monté ici.

— Viens près de moi comme quand nous étions jeunes, ça me manque beaucoup. Tu tu rappelles?

— Oui je me rappelle

Il s'allongea près d'elle et elle remit sa tête sur son épaule.

— Nous sommes si bien comme ça, c'est comme si je me sentais protégée dans tes bras.

— Oui, on est bien.

Ils parlèrent quelques minutes et s'endormirent dans les bras l'un de l'autre.

Quand les parents arrivèrent, Magalie se réveilla. Elle réalisa qu'ils s'étaient endormis. Elle regarda Raphael dormir.

— "Il est si beau, je voudrais me réveiller toujours près de lui".

Elle le réveilla avant que les parents montent au deuxième étage.

— Hé! Raphael, réveille-toi.

— Oh! mais, ah merde ! Je me suis endormi.

— Oui, moi aussi, mais je me suis réveillée quand nos parents sont entrés.

Elle était si près de sa figure, leurs lèvres se frôlèrent. Ils se regardaient et ne semblaient plus pouvoir bouger. Raphael se sentait si bien avec la chaleur qu'elle lui procurait. Leurs lèvres se rejoignirent. Il l'embrassa passionnément. Il aurait voulu la serrer si fort dans ses bras. Soudain, il la repoussa violemment.

— Qu'est-ce qu'on fait Magalie. Ce n'est pas bien, nous ne pouvons pas faire cela.

— Je sais je ...je sais Raphael, c'était comme dans un rêve. Va dans ta chambre. J'ai besoin d'être seule.

— Oui.

Il se retourna pour lui parler, mais il entendit son père monter.

— Désolé Magalie.

Elle ferma la porte de sa chambre, mais ne put fermer les yeux de la nuit.

— "Merde, qu'est-ce qui nous a pris de faire ça. J'ai vingt-trois ans, c'est moi qui suit plus âgé, je devrais être plus responsable que ça".

Au déjeuner le lendemain, Magalie disait vouloir rester couchée, elle prétendait avoir la migraine et Raphael pour sa part, annonça qu'il devait repartir le jour même, car un de ses amis donnait une fête et il voulait y assister.

— Où est Magalie?

— Dans sa chambre, elle a la migraine.

— Bien, je ne la dérangerai pas. Vous lui direz que je le salut, mais que je devais partir.

— Non, va la voir, tu sais très bien qu'elle sera déçue si tu ne le fais pas.

— "Oui, elle sera probablement très déçue".

— Bien, je passe la voir.

Il monta jusqu'à sa chambre. La porte était entre-ouverte.

— Salut toi, ça va?

— Oui, j'ai juste un peu mal à la tête. Ce n'est rien, ça va aller.

— Magalie.

— Oui.

— Je voulais te dire que j'étais désolé pour ce qui s'est passé hier soir.

— Pourquoi es-tu désolé?

Il la regarda dans les yeux. Il voyait bien qu'elle avait pleuré.

— "Qu'est-ce que je lui ai fait? Elle que j'ai toujours vue sourire chaque jour de sa vie. Je lui ai volé sa joie de vivre en lui faisant de la peine". Ça va, tu es certaine?

— Oui, ne t'en fait pas je te dis.

— Je repars maintenant pour le campus.

Elle se leva d'un bond, se colla à lui en attrapant le collet de sa chemise.

— Dis-moi que tu ne pars pas à cause de moi...ou plus tôt du baiser d'hier.

Il essayait de la faire reculer, mais trop tard. Leurs corps s'appelaient irrésistiblement. Il la prit par la taille, il déglutit péniblement et lui donna un baisé sur la joue et la repoussa à nouveau.

— On se revoit à ma fête si tu peux venir.

Magalie avait compris qu'avec le petit baisé sur sa joue, il ne ressentait peut-être pas la même force qu'elle dans le baiser d'hier.

— Oui Raphael, bon retour.

Magalie repartit avec sa mère trois heures plus tard en promettant d'être là pour la fête de Raphael.

La vie reprit son cours, mais Magalie essayait de se raisonner, elle n'y arrivait pas. Elle savait bien avant ce baiser que Raphael était plus qu'un cousin pour elle. Il la regardait souvent du coin de l'oeil, et ce, pendant longtemps si elle ne se retournait pas. Elle savait aussi que pour elle, son cousin qui avait toujours été si protecteur, si attentionné pour elle, était devenu la seule chose qu'elle voulait près d'elle. Elle ne comprenait pas bien ce sentiment. Mais elle avait un sérieux doute que ce soit l'amour, le vrai tellement son coeur lui faisait mal juste à penser à lui.

Elle ne pensait plus qu'à lui. Magalie était habituée à avoir ce qu'elle voulait dans la vie, étant la fille de la plus populaire chanteuse. Avoir eu à suivre sa mère toute sa vie partout n'était pas vraiment un plus. Maintenant, elle en souffrait, elle n'avait pas d'amie avec qui parler, discuter de son problème, personne de son âge dans son entourage.

Elle n'avait que vingt ans, mais elle ressentait un besoin grandissant de s'encrer quelque part pour finir ses études et se faire une vraie vie. Elle ne voulait aucunement que sa vie ressemble à celle de sa mère.

— Maman, tu crois que je pourrais m'inscrire dans une université l'an prochain?

— Quoi? Tu ne veux plus me suivre?

— Non maman, j'en ai assez de cette vie. J'ai vingt ans, je n'ai aucune amie. Je crois que j'en ai besoin maintenant.

Tasha était déçu, elle aurait voulu comme toutes les mères, garder sa fille près d'elle. Le pire était qu'elle voyait beaucoup et qu'elle était pour être à des milles et des milles de sa fille.

— Bon. Alors nous allons regarder à ça chérie.

Elle se colla à sa mère.

— Je ne veux surtout pas te faire de la peine maman. Je me sens étouffée tout à coup. J'ai besoin de ma vie à moi, de me faire des amis, mes choix, mes erreurs comme tout le monde.

— Je comprends Magalie. Tu dois comprendre que tu n'es pas comme tout le monde chérie. Si tu vas à l'université, tu devras avoir tes deux gardes du corps.

— Est-ce vraiment nécessaire?

— Oui, j'en ai bien peur.

— Alors, crois-tu que tante Chloé accepterait que j'habite immédiatement avec eux jusqu'à la fin de l'été et mes professeurs pourraient habiter en ville quelque part?

— Oui, je crois que oui. Je vais discuter avec elle. Tu en as si marre que ça de voyager avec moi?

— Oui, désolé, mais je n'en peu plus. J'ai besoin de ma vie.

Un mois plus tard, les professeurs de Magalie avaient été logés dans une maison qu'ils partageaient et Chloé l'amenait en ville pour qu'elle passe la journée avec ses professeurs.

La fête de Raphael approchait. Magalie avait fait r'ajouter à sa liste de professeurs un cuisinier pâtissier.

— Est-ce que Raphael arrive toujours aujourd'hui?

— Oui, tu lui as fait son gâteau préféré?

— Oui, mon professeur me l'apporte ce matin. Pour combien de temps Raphael est au ranch?

— Cette année malheureusement, il ne reste que pour la journée.

Magalie était très déçue. Elle attendait si longtemps pour le revoir.

— Il repart aujourd'hui!

— Oui, je suis déçu aussi ma chérie. Oh! et j'ai oublié de te dire qu'il ne venait pas seul, il a une petite amie maintenant.

— "Merde, ce n'est pas vrai. Ne pleure pas Magalie, non, non ,non".

Magalie resta bouche bée. Elle venait de recevoir un coup au coeur. Quelle douleur cela lui faisait. C'était comme si quelqu'un venait de lui transpercer le coeur. Elle se reprit du mieux qu'elle pût et se força à répondre positivement.

— Ah!, c'est bien.

Raphael arriva dans l'avant-midi. Elle le vit arriver. Sa tante et son oncle se dirigeaient sur le porche pour les accueillir. Elle s'obligea à les suivre.

Elle lui fit signe de la main en guise de salut. Inhabituelle de sa part puisqu'elle lui sautait toujours dans les bras.

— Salut toi, ça va?

— Salut Raphael. Ça va bien.

Il s'empressa de faire les présentations.

— Magalie, ma cousine et voici Tania, ma copine.

Magalie lui serra la main, juste un frôlement. La main lui brûlait tellement elle ne voulait pas lui toucher. Elle dut retenir ses larmes, elle voulait être à n'importe quel endroit, sauf devant elle.

— Hé! Magalie, je veux monter à cheval. Je peux sceller Masha pour Tania?

— "Non, espèce d'andouille"

— Hum...oui très bien.

— "Le baiser n'était pas pour lui ce qu'il a été pour moi. Je dois oublier cela".

Le souper fut long et pénible.

— Les enfants vous devez remercier Magalie pour le repas. C'est elle qui a tout fait.

— Whouaw Magalie, c'est super tu as appris à cuisiner.

— Attends de goûter avant de dire Whouaw

— O.K. je goûte d'abord.

— Elle a un professeur culinaire maintenant.

— C'est bien ça. Comment trouves-tu ça habiter en permanence ici?

— J'aime bien, je n'en pouvais plus de voyager avec maman. La prochaine étape pour moi est l'université et j'y habiterai, tout comme toi.

Sa copine s'éveilla finalement et parla.

— "Je croyais qu'elle était muette celle-là, j'aurais bien aimé."

— À quelle université vas-tu aller?

— Je n'ai pas encore décidé. Avant je dois faire les examens académiques. Ils sont prévus pour dans quelques jours.

— Pourquoi faires des examens académiques?

— J'ai toujours eu des professeurs privés.

— Ah oui ! j'ai déjà entendu parler de parents qui n'envoyaient pas leurs enfants à l'école et qu'ils les éduquaient eux même ou avec des professeurs privés qui se rendaient à leur maison. Ça ne doit pas être marrant.

Raphael lui répondit, car il savait très bien qu'il ne fallait en aucun cas mentionner qui Magalie était vraiment. Ses parents ne voulaient pas voir le Ranch envahi par les journalistes et il fallait protéger Magalie pour sa protection.

— Lasse tombée Tania, c'est personnel et elle n'aime pas en parler.

Magalie lui sourit.

— "Pourquoi a-t-il amené cette fille, elle n'est tellement pas bien assortie à lui. Peut-être qu'il voulait lui montrer à elle qu'il ne l'aimait pas vraiment".

— Ah! Je voulais te dire merci pour m'être laissé monter Masha. C'est un très beau cheval. C'était la première fois que je montais à cheval, alors j'ai apprécié qu'il soit docile.

— "Docile, j'aurais voulu moi qu'il te rejet"

— Je l'aime beaucoup. Un jour, quand j'aurai un Ranch à moi, je l'amènerai avec moi.

Tous la regardaient.

— Tu es jeune encore Magalie pour penser à cela. Tu dois faire ta vie avant.

— Tante Chloé, je vais avoir vingt un ans et je sais depuis très longtemps que je veux un ranch à moi.

Raphael la regardait.

— Tu aimes bien venir ici hein?

— "Imbécile, oui j'aimais ça avant. Avant que tu amènes cette...Tania avec toi ici pour tout gâcher".

— Désolé, je dois sortir de table. Je reviens.

— Pauvre enfant elle ne va pas bien, je le vois très bien, elle se referme sur elle-même. Je vais devoir parler à Tasha.

Raphael regarda sa mère, surpris de ce qu'elle venait de dire.

— Tu crois maman?

— Oui, je le vois très bien Raphael.

Magalie était dans la salle de bain à essayer de reprendre ses esprits. Elle devait retenir ses pleurs, son coeur lui faisait tellement mal. Après s'être contrôlée le mieux possible, elle retourna à table.

— Bon, est-ce que je peux dire wouah là? Ton repas était délicieuse Magalie.

— Merci Raphael.

Tous se joignirent à lui pour la féliciter.

— Le gâteau maintenant.

— Ne me dis pas que tu as aussi fait le gâteau.

Elle leva le menton.

— Oui monsieur.

Elle apporta le gâteau sur la table. Il était le portrait tout craché de son cheval Ataka.

— Il est magnifique, je n'ai pas envie qu'on le coupe.

Tous riaient.

— Nous allons quand même le couper mon fils parce que moi je veux un gros morceau.

— Après tous s'être gavés de gâteau, ils passèrent au salon.

— Ton gâteau était magnifique et très bon en plus. Merci Magalie.

Ses parents lui présentèrent ses cadeaux et c'était maintenant au tour de Magalie.

— Tu dois venir à l'écurie pour voir le cadeau que je t'ai acheté.

— Pas encore un cheval Magalie.

— Non, viens.

— "Ah merde! elle pouvait rester là elle, je ne l'ai pas invité à nous suivre".

— C'est ici, regarde.

— Une selle!

Il prit Magalie par les épaules et soudain leurs yeux se rencontrèrent. Raphael était gelé sur place. Tania se mit soudain à avoir une petite toux. Raphael sortit de son rêve.

— Merci Magali.

Il l'embrassa sur la joue.

— Raphael, nous devons repartir bientôt, tu viens.

— Oui, j'arrive.

Il salua ses parents ainsi que Magalie du regard. C'était comme s'ils n'avaient plus besoin de parler pour se comprendre.

— "Il y a quelque chose des deux côtés, je le sens, c'est trop fort".

Il la regarda à nouveau dans les yeux et il sentit en lui un vide, comme s'il n'était plus pour la revoir. Il l'avait brisé, sa belle Magalie.

— Au revoir Raphael.

— Prends soin de toi.

Il revint pour la fête de Magalie et de chacun de ses parents. Il venait toujours avec Tania. Magalie n'en pouvait plus, elle savait maintenant qu'elle devait partir de là.  Elle se sentait vide, aucun endroit où elle se sentait bien.

Tasha lui avait trouvé la meilleure université. Mais Magalie voulait partir assez loin pour ne pas pouvoir revenir plus d'une fois par année. En plus, elle devait partir seulement qu'après les vacances d'été. Elle devait encore endurer cela.

— Est-ce que tu reviens au ranch pour les vacances Raphael?

— Oui.

Il la regarda.

— Moi et Tania.

Magalie suffoqua. Non, elle n'en pouvait plus.

— Seras-tu encore ici toi?

Elle le fixa dans les yeux, lui fit un sourire.

— Non, je ne crois pas non.

Il ne pouvait éloigner son regard du sien. Il comprit que c'était à lui de lui parler seul.

— Vient avec moi Magalie, je dois te parler de quelque chose.

Tania se leva pour les suivre, mais Raphael se retourna vers elle.

— Désolé Tania, mais je dois vraiment parler à Magalie seule.

— Ah bon! Je vous attends ici dans ce cas.

Ils se rendirent à l'écurie. L'endroit où ils étaient bien tous les deux. Magalie resta éloignée le plus possible de lui tellement elle sentait une attirance magnétique entre eux.

— Magalie

Elle se força à le regarder dans les yeux.

— Hum

La rage aurait voulu sortir en elle. Tellement d'eau voulait sortir de ses yeux pour lui, elle sentait qu'elle aurait pu remplir une rivière juste à pleurer.

— Magalie, tu sais très bien que ce n'est pas possible.

Elle le regarda et les larmes coulèrent sans qu'elle ne puisse les retenir. Elle n'y pouvait rien.

Je sais que nous pourrions être ensemble si nous étions d'accord tous les deux pour renoncer à avoir des enfants. Ce qui serait difficile parce que nous les aimons tous les deux. Mais nous pouvons utiliser l'adoption.

— Non Magalie, ce ne serait pas bien, nous sommes cousins. Je veux des enfants et je veux les miens.

Il la prit dans ses bras, il ne pouvait plus résister de la console. Elle se laissa aller sur son torse chaud.

— Nous pourrions Raphael, l'adoption...

— Non Magalie. Non.

Il leva son menton vers lui pour qu'elle le regarde. Pour qu'elle comprenne bien que ce n'était pas possible.

— Cela n'est pas possible. Magalie, je vais épouser Tania.

Elle eut une faiblesse et Raphael la rattrapa. Tout à coup elle le repoussa.

— Va-t'en s'il vous plait, laisse-moi seule quelques minutes. Je t'en supplie va t'en.

— Magalie...

Elle leva la main vers lui et soudain elle revint vers lui.

— Dis-moi au revoir, Raphael, embrasse-moi.

Elle mit ses lèvres sur les siennes. Il se laissa aller et l'embrassa jusqu'à ce que son coeur lui fait mal et la reposa de peine. Il ferma les yeux, il avait les yeux humides lui aussi.

— Non, Magalie s'il vous plait ne fait pas ça.

Il partit vers la maison et Magalie scella Mashs et partit de l'écurie à une allure incroyable. Son oncle Josh la vie partir. Il sortit sur le porche pour lui crier de ne pas faire, mais elle était déjà loin.

— Qu'est-ce qu'elle fait là?

Raphael était déjà à seller Ataka quand son père entra dans l'écurie.

— Va s'y mon gars, je te rejoins.

— Raphael

— Oui

— Qu'est-ce qui s'est passé avec elle pour qu'elle parte comme ça?

— Rien, elle part et elle voulait me dire au revoir.

— Elle! Je croyais avoir entendu que c'était toi qui voulais lui parler et non elle.

Raphael ne répondit pas. Ils partirent tous les deux à la recherche, mais ils ne la trouvaient pas. Raphael appela au ranch, mais elle n'était pas de retour. Chaque fois qu'il essayait d'appeler Magalie, il tombait sur sa boîte vocale. Il lui laissa deux messages, mais toujours sans réponse.

— Nous devons retourner au ranch avant la tombée de la nuit Raphael.

— Oui papa, mais moi je prends de l'équipement et je repars.

Finalement, ils étaient presque arrivés au ranch quand Raphael l'aperçut et il cria.

— Elle est là!

Josh vient pour partir, mais Raphael le retint.

— Non papa, c'est moi qui dois y aller.

— Tu as assez fait de dégâts mon gars. Retourner au ranch.

Il regarda Magalie. C'était peut-être vrai qu'il avait fait assez de dégâts.

— Magalie chérie, que t'arrive-t-il? Tu nous as fait très peur.

— Désolé oncle Josh.

— Pourquoi as-tu fait cela?

— Pour rien, j'avais envie d'action un peu. Ma vie est tellement nulle. Je ne suis rien oncle Josh. Je dois prendre ma vie en main. Je vais partir loin de ma mère et de sa popularité pour y arriver.

— Tu veux partir loin, mais voyons chérie.

— Oui, j'en ai besoin.

— Tu seras seule.

— C'est exactement ce dont j'ai besoin. Me faire des amies. Ma mère me protège trop.

— Je comprends oui. Où comptes-tu aller?

— Loin.

Raphael était déjà à l'écurie à enlever la selle de son cheval quand ils entrèrent à l'écurie.

— Tu vas bien?

Elle ne lui répondit pas immédiatement. Elle le regarda dans les yeux.

— Oui

Elle fit des recherches pour trouver une université renommée, mais loin de Raphael, le plus loin possible. Finalement elle trouva, elle avait fait une demande d'admission et avait été acceptée.

— Bonjour maman, ça va bien?

— Oui Magalie, je suis si contente, j'ai une grande nouvelle à t'annoncer.

— Ah oui!

— Oui Magalie. J'ai décidé de passer un mois avec toi au ranch.

Magalie ferma les yeux. C'était trop difficile. Après tant d'années qu'elle le demandait à sa mère de venir avec elle au ranch. Elle n'avait jamais de temps, toujours la même chose. C'était le temps le plus occupé pour elle. Il était trop tard maintenant, elle partait.

— Magalie, tu es encore là?

— Oui...oui maman.

Le silence s'installa à nouveau entres-elles. Magalie prit u ne grande respiration.

— Maman, je pars pour l'Australie. Je me suis inscrite à une université là bas et je suis acceptée.

— Magalie, mais que dis-tu, c'est moi qui choisirai l'université et certainement pas en Australie.

— Maman, j'ai vingt un ans et je veux aller étudier à cette université.

— Non Magalie, il n'en est pas question.

— Maman, j'irai avec ou sans ton consentement.

— Chérie, que ce passe-t-il?

— J'ai besoin d'air. J'ai aussi besoin d'être seule et de pouvoir faire ma vie normalement.

— Magalie, je refuse

— Tu refuses quoi exactement maman?

— Ne m'oblige pas à faire cela Magalie.

— À faire quoi?


Tasha devenait très impatiente. Elle ne reconnaissait plus sa fille. Cela faisait déjà plus d'un an que sa soeur Chloé lui disait que Magalie semblait avoir un problème. Elle haussa le ton.


— Magalie, je vais couper tes vives.

Magalie ouvrit de grands yeux. Elle était déçue que sa mère puisse lui faire cela.

— Merci maman, c'est très gentil à toi. Alors je prendrai ce que j'ai en banque pour mes études et je travaillerai pour le reste.

— Magalie, tu m'exaspères. Je dois me préparer pour l'instant, mais à la minute que j'ai assez de temps, je vais venir en discuter avec toi au ranch. Mais tu n'iras pas en Australie. Entre-temps, sois sage et ne cause plus de problèmes à ma soeur et sa famille.

— Je ne cause pas de problème!

— Si, tu les perturbes ces temps-ci.

— Ah! bon! Raison de plus pour partir. Au revoir maman.

— Au revoir.

Magalie n'en revenait pas, elle leur causait des soucis maintenant. Elle mit tout en oeuvre pour son départ. Il ne lui manquait que son passeport.

Celui-ci arriva trois jours plus tard. Elle réserva son vol pour l'Australie, mais comment allait-elle se rendre à l'aéroport sans que personne ne le sache?

Raphael et Tania arrivèrent deux jours avant sa date de départ. C'était le début de l'été.

La journée avant son vol, Raphael frappa à sa porte.

— Oui, entrez. Ah! c'est toi. Que veux-tu?

— Magalie pourquoi es-tu fâché contre moi? Tu dois me le dire.

— Je ne suis pas fâché, mais je dois m'éloigner. C'est trop douloureux Raphael.

Il s'approcha et lui prit le bras. Elle se dégagea.

— Bien. Alors je vais aller droit au but. Tania et moi allons nous marier cet été.

Magalie eut une boule dans la gorge et un mal qui transperça le coeur.

— Félicitation

— Magalie, je n'ai pas le choix, elle attend un enfant.

Elle eut un mal fou à formuler sa dernière phrase.

— Hum...Hé! bien, ce n'est pas un problème, tu voulais des enfants. Si tu veux bien me laisser, je suis occupée.

Il pinça les lèvres. Elle le chassait de sa chambre.

— Je te vois plus tard.

Magalie ne répondit pas. Elle demanda à sa tante si elle pouvait la conduire en ville. Elle y passa la journée et demanda à un de ses professeurs si cela lui était possible de la ramener au ranch.

Elle se rendit directement dans a chambre. Elle ne pouvait se permettre de faire ses bagages. Elle devait attendre après que tous seraient couchés. Sa tante monta la voir pour lui annoncer le mariage de Raphael et Tania.

— Je sais tante Chloé, il me la dit et il m'a aussi dit qu'elle attendait un enfant.

— Tania voulait que je te demande d'être sa fille d'honneur.

— C'est très impersonnel de demander cela par intermédiaire.

— Elle pense que tu ne l'aimes pas beaucoup. Elle se sent un peu mal avec toi. Je l'ai r'assuré.

Elle regarda sa tante.

— C'est vrai que je ne l'aime pas du tout. C'est pourquoi, honnêtement, je dois décliner cette offre. Tu la remercieras pour moi.

Le silence s'installa

— Ta mère sera ici dans quelques jours, alors je vais dire à Tania que tu lui rendras une réponse après l'arrivée de ta mère.

— Merci tante Chloé. Ce serait préférable.

— "Je n'ai aucune envie de discuter".

— Bien Magalie, bonne nuit.

— Bonne nuit.

Elle vit passer Raphael et Tania au moment où sa tante sortait. Il lui fit un sourire. Tania se sentait mal, elle n'aimait pas le regard de Magalie à son égard.

— Raphael.

— Oui.

— Écoute, chaque fois que je viens ici...je sens beaucoup de tension entre vous deux et cela me place dans une position déplaisante.

— Ne t'en fais pas, elle s'en remettra.

— Quoi?

— Elle se replacera.

— Non, tu as dit "elle s'en remettra". Se remettre de quoi Raphael?

— Écoute, on reparlera de tout ça demain.

— Raphael, elle est amoureuse de toi, c'est ça?

— Non, que vas-tu chercher là?

— Bon écoute, je n'ai pas vraiment l'intention de passer les vacances dans la même maison qu'elle.

Ah! s'il vous plait Tania. Tu sais bien que je suis bien au ranch et que c'est chez moi ici. Alors on reste ici comme prévu et je vais lui parler à nouveau demain.

Magalie fit ses bagages sans bruit. Elle avait vérifié que Raphael avait bien laissé ses clés de voiture sur la table de l'entrée comme à l'habitude. Elle prendrait sa voiture pour se rendre à l'aéroport. Elle mit ses bagages un par un en silence dans la voiture et démarra la voiture. Elle devait aller doucement au début, car elle n'avait pas son permis encore. Elle avait appris à conduire sur le ranch avec Raphael. Il lui avait appris depuis longtemps avec le vieux camion du ranch.

— "Voilà, je ne serai plus un problème pour personne. Je pars pour une nouvelle vie aujourd'hui, une nouvelle Magalie".

Elle décida de laisser la voiture en ville et de prendre un taxi pour l'aéroport. Elle sera repérée moins vite et elle ne voulait que personne ne la rejoindre et dieu sait que sa mère avait des gardes du corps très efficaces. Ils feraient une bouchée d'elle. Elle devait s'enfuir à partir du ranch, car c'était le seul endroit qu'elle n'avait pas de gardes du corps.

Après avoir enregistré ses bagages, elle prépara un texte qu'elle enverrait à tous en même temps juste après avoir décollé.

— Bonjour, je voudrais vous informer que je suis partie pour ma nouvelle vie. S'il vous plait n'essayez pas de m'empêcher, car je vous rappelle que j'ai vingt un ans et tous les droits de ne pas retourner et je n'y retrouverai pas.

— J'ai besoin de m'éloigner de prendre ma vie en main. Me connaitre moi-même. Maman, je dois trouver mon identité, car j'ai trop vécu dans ton ombre.

— Je regrette, mais c'est la seule solution que j'ai trouvée pour guérir mon mal. Ne vous inquiétez pas j'ai assez d'argent pour subvenir à mes besoins et payer mes études. Maman, ne dépose plus d'argent sur mon compte, car je l'ai fermé et transféré mon argent pour mon nouveau départ.

Raphael se leva de très mauvaise humeur. Tania lui avait martelé les oreilles avec Magalie pendant au moins une heure et ensuite il n'avait pu trouver le sommeil. Son père était déjà en train de déjeuner.

— Bonjour papa.

— Bonjour. Qu'est-ce qui se passe avec toi et Magalie? Franchement vous ne voyez pas ce que nous voyons.

— Oh! la paix avec elle.

Son père le regarda. Raphael avait les deux mains sur le comptoir et la tête penchée.

— Désolé, je n'aurais pas dû dire cela, mais à cause d'elle, Tania ne veut pas passer les vacances ici. Moi j'adore le ranch et c'est chez moi ici. Alors c'est ici que je veux me retrouver pour les vacances.

— Ce n'est plus vivable avec vous deux sous le même toit. Je vais demander à ta mère qu'elle parle à sa soeur pour qu'elles aillent passer les vacances dans un autre endroit.

— Papa non, ne fais pas ça s'il vous plait. Magalie aime le ranch autant que moi.

— On ne peut plus vivre comme cela et ce n'est pas chez Magalie ici, mais chez toi.

Raphael prit son manteau et sortit pour se rendre à l'écurie. Il commença à marcher en direction de l'écurie et s'arrêta net. Il se retourna.

— Ma voiture, elle a pris ma voiture. Non Magalie.

Il entra en trombe dans la maison et fila directement dans la chambre de Magalie.

— Elle est partie. Non, j'aurais dû le sentir.

Il sentait son coeur se fendre en deux. Il voulait pleurer, crier, mais il ne pouvait se le permettre, Tania était dans la chambre d'à côté.

Magalie connaissait bien Raphael et le message qu'elle avait envoyé à son départ devait apparaitre sur leur téléphone portable à tous à 6h00am précise. Elle en avait envoyé un deuxième à Raphael pour lui indiquer que sa voiture se trouvait à la gare de trains. Elle voulait les dérouter.

— Quoi? Magalie est partie, mais où?

Chloé s'était levée pour les rejoindre, mais pas Tania. Pourtant elle avait sûrement entendu comme ses parents.

— Elle a parlé à sa mère d'Australie. Je dois téléphoner immédiatement Tasha.

Raphael se laissa aller sur le mur derrière lui. Tania avait tout entendu, mais elle n'aimait pas Magalie et elle était contente que celle-ci fût partie.

— Raphael vient mon garçon, nous allons à l'aéroport pour essayer de l'arrêter.

— Elle n'a pas  laissé de message dans sa chambre?

— Non, elle vient par contre de m'envoyer un message que ma voiture est à la gare. Je sais qu'elle est très intelligente et qu'elle n'a pas dû prendre le train. Je la connais trop.

— Bon, on va chercher ta voiture et ta mère nous informera des développements.

Magalie était déjà loin, elle avait pris le vol de nuit. Elle se prit une chambre d'hôtel et dut prendre vingt-quatre heures pour se replacer avec le décalage horaire.

Elle décida d'aller marcher pour se dégourdir un peu. Elle était en plein centre-ville de Sydney. Elle y était déjà venue avec sa mère en tournée à quelques reprises. Elle entra dans un dépanneur et le vendeur arqua les sourcils quand il la vit. Il lui demandait si elle allait bien, si elle était en visite ici et quand il lui demanda où elle logeait, elle vit sa photo en gros plan. *La fille de Tasha en fugue.*

— "Fugue! Non, mais qu'est-ce qu'ils n'ont pas compris, j'ai vingt un ans, je suis majeur et libre! Qu'est-ce qu'on ne peut pas entendre"?

Elle paya sa gomme, repartie vers son hôtel et compris très vite qu'elle n'aurait pas la paix, même loin de chez elle.

Elle retourna à l'aéroport et reprit un vol pour les États-Unis, mais pour New York, pas pour chez-elle à Houston. Elle réalisa qu'elle n'avait pas de chez-elle, elle dérangeante sur la ferme, ne voulait plus faire le tour du monde et elle ne pouvait plus rester près de Raphael.

Elle était pour essayer de les déjouer à nouveau, elle reprit l'avion de retour aux États-Unis, mais cette fois elle ne s'inscrirait pas à l'université. Elle trouverait du travail et quand les choses seraient plus calmes, elle ferait des cours universitaires par correspondance.

Une fois arrivée à l'hôtel, elle prit des journaux et regarda pour du travail. Une semaine plus tard, aucun emploi ne s'offrait à elle, rien en vu. Elle avait les compétences académiques pour de l'enseignement, mais c'était la fin des classes et il était préférable de ne pas prendre de logement avant de trouver un travail.

— Des nouvelles de Magalie?

— Il semblerait qu'elle est prit un vol de retour pour les États-Unis. Les agents de Tasha essaient toujours de la retrouver.

Raphael se mit la tête dans les mains.

— Maman, tu sais...c'est ma faute tout ça.

— Pourquoi?

— Je l'ai embrassé il y a deux ans, ensuite je lui ai dit que j'avais fait une erreur. C'est aussi là que j'ai réalisé que ce n'était plus de l'affection que j'avais pour elle moi non plus.

— Ah non! Mais elle, t'a-t-elle déjà dit comment elle se sentait?

— Oui, en quelque sorte. Nous nous sommes embrassés de nouveau quelque temps avant son départ.

— C'est pour cela qu'elle n'aime pas Tania dans ce cas.

— Oui, facile à imaginer. Magalie passait son temps à me dire qu'elle n'était pas faite pour moi.

— Mais toi, Raphael, tu aimes Tania n'est-ce pas?

— Je l'aime bien oui, mais pas comme Magalie maman. Magalie et moi avons une telle attirance physique, c'est incroyable. C'est pour cela qu'elle est partie, c'était très dur à supporter autant pour elle que pour moi.

— Je comprends bien des choses maintenant. Pauvre Magalie, personne ne la comprenait et nous mettions tous le blâme sur elle. Elle a dû se sentir rejetée de nous tous.

— Je suis désolé maman, ce n'était pas planifié ou quoi que ce soit, c'est juste arrivé.

50

Mais aujourd'hui je réalise que j'aurais dû vous faire confiance et vous demander conseil.

— Je connais le vrai amour et ce que l'attirance physique des débuts peut faire. Je te comprends parfaitement Raphael.

— Je vais à cheval.

— Raphael, que va-t-il arriver avec Tania?

Il se retourna avec les lèvres pincées et s'appuya au cadre de porte.

— Je lui ai dit hier. Nous ne sommes plus ensemble. Mais il y avait d'autres problèmes entre nous maman. Elle m'a avoué qu'elle n'avait pas du tout l'intention de vivre sa vie au ranch, que cela ne l'intéressait pas. Elle n'aime pas le ranch maman, je ne peux pas vivre sans le ranch, je fais des études pour devenir vétérinaire pour pouvoir vivre ici ou par ici. Le ranch est mon deuxième grand amour.

Chloé comprit que son premier grand amour était Magalie.

— Raphael, le bébé dans tout ça?

— Je dois faire les papiers nécessaires, car il sera élevé sur le ranch. Elle voulait avorter quand elle s'est rendu compte qu'elle était enceinte, je n'ai pas voulu. Maintenant je lui ai demandé de l'avoir et j'ai semblé lui faire une joie. Elle n'en veut pas du tout.

— C'est désolant. Si je comprends bien, tu en auras la garde?

— Exclusive. Je m'étais complètement trompé sur son compte. C'est une femme qui ne pense qu'à elle. Magalie me l'avait bien dit.

— Nous t'aiderons Raphael, ne t'inquiète pas. Je suis désolée moi aussi, car nous aurions dû voir ton père et moi que tu vivais des moments difficiles.


Il s'approcha de sa mère et la prise dans ses bras pour l'embrasser sur le temple.


— Ne t'en fais pas maman. Je vais faire mon tour à cheval, rien de mieux pour rafraichir mes idées.

— Un vrai cowboy.


Il sourit.

Il fit une longue promenade et au retour, il s'arrêta pour regarder la cabane dans les arbres que son père leur avait faits.

— "Mon enfant pourra à son tour profiter de cette cabane".

Il descendit de cheval et alla vers la cabane. Il ouvrit la porte, c'est là qu'il vit une enveloppe à son nom sur la minuscule table.

— Magalie!

Pour la première fois, il laissa ses larmes couler. Il les essuya du revers de sa main.

— "Allez Raphael, tout va s'arranger".

Il ne pouvait plus vivre sans elle. Il descendit rapidement sur l'herbe et ouvrir l'enveloppe. Elle y avait mis son parfum.

— Tu veux me rendre un peu plus fou de toi Magalie? Tu veux me faire payer un peu plus mon erreur?

Il fit la lecture les larmes aux yeux.

*Bonjour Raphael,*

*Si tu trouves cette lettre, c'est que je suis loin déjà. Raphael, tu sais tout comme moi que notre attirance était due à un amour déchirant. Tu étais chez toi et je dérangeais. Je me devais de partir pour ne jamais revenir, car cet amour pour moi ne mourra jamais. Ni toi ni moi ne l'avions prévu ou ne pouvions y résister. Je n'avais jamais été amoureuse de personnes avant toi, mais c'est si fort, je doute que ce soit comme cela pour tous. Quand je te vois avec Tania, je sais que c'est différent. Tu ne l'aimes pas comme moi.*

— Tu as bien raison Magalie. Tu savais très bien.

*Le destin voulait que nous soyons cousins, mais nos coeurs ont trépassés ces règles. Je te souhaite beaucoup de bonheur Raphael et un bel enfant.*

— Ah Magalie ! c'est toi que j'aime, c'est toi que je veux. Je ne l'avais pas compris avant ton départ.

*Pour terminer, je me suis permis de te faire un nouveau courriel que pour toi et moi. Nous allons pouvoir quand même rester en contacte, à moins que tu veuilles couper tous les ponts entre-nous et je le comprenais, ne t'en fait pas. Si cela t'intéresse, voici l'adresse où je t'écrirai. Je me suis aussi permis d'y mettre ma nouvelle adresse courriel qui est indétectable par les agents de maman. Je veux converser avec toi seul avant que tous soient plus calmes et accepte mon départ de parmi vous. Ton adresse courriel: amourimpossible.email.com et ton mot de passe sont Magalie.*

# L'AMOUR INTERDIT DE MAGALIE

*Magalie qui t'aimera toujours...je t'aime*

Raphael sauta sur son cheval et galopa à toute vitesse jusqu'au ranch. Il ne prit pas le temps de défaire la scelle sur son cheval, il l'attacha à la clôture et entra dans la maison en trompe. Il grimpa les marches deux par deux jusqu'à sa chambre. Il ouvrit son ordinateur portable.

— Mais Raphael, que ce passe-t-il?

— J'ai des nouvelles de Magalie. Mais je vais pouvoir t'informer seulement après avoir regardé mes courriels maman. Chloé appela sa soeur immédiatement et après lui avoir dit ce que Raphael lui avait dit, celle-ci décida de la rappeler aussitôt qu'elle aurait plus d'information.

Magalie n'ayant trouvé aucun emploi, elle décida de s'engager pour des missions humanitaires qui partaient dans quelques jours. Elle devait enseigner le français aux enfants.

Elle laissa ses bagages derrière elle. Elle s'équipa plus adéquatement pour ce genre de voyage comme on lui avait conseillé. Son avion décollait. Elle était nerveuse, on lui avait expliqué que ces missions étaient très difficiles, mais que les enfants avaient besoin de nous. Elle écrivit à Raphael à nouveau avant son départ.

Raphael ouvrit le premier message.

*Bonjour Raphael,*

*Je suis maintenant en Australie....*

Il referma celui-ci pour passer au prochain message.

*Bonjour Raphael,*

*Je vois que tu n'as toujours pas retrouvé la lettre, mais je sais que cela viendra et que tu retourneras de notre cabane. Étant donné que je n'arrive pas à trouver un travail et que je ne veux pas être serveuse ou quelque chose du genre, j'ai dû penser à autre chose et je suis tombée sur une annonce où ils demandaient des personnes pour aider à l'éducation des enfants qui sont prient entres les guerres. Alors j'ai dû faire des choix difficiles. Je veux faire de l'enseignement aux près des jeunes, mais ses les vacances, il n'y aura rien de libre avant la fin des vacances. J'aime faire plaisir aux gens, j'aime l'enseignement et je suis seule, alors je par pour des missions umanitaires. Je m'embarque aujourd'hui.*

*Je t'aime*

*Magalie*


— Nonnnnnn, non Magalie non

Les parents de Raphael montèrent rejoindre Raphael à la hâte. Il avait la tête entre les mains. Sa mère mit une main tremblante sur son épaule et lut le message à voix haute.

— Elle s'est engagée dans des missions humanitaires, non.

Chloé avait les larmes qui coulaient. Josh la prit dans ses bras.

— Je crois que nous n'avons pas laissé de chance à cette enfant. Elle était révoltée et nous ne l'avons pas compris.

— Je pars demain, je veux la retrouver goûte que goûte.

— Peux-tu lui écrire toi?

— Oui, je peux essayer.

— Alors écrit-lui Raphael, réconforte-là et essaye de la dissuader de continuer.

— Je peux...je peux être le seul à faire cela et je le sais très bien. Je vais lui écrire oui.

— Je descends, je dois téléphoner Tasha, elle aura un choc.

Elle regarda Josh et celui-ci boulait de rage.

— Tu sais très bien ce que je veux d'elle Chloé. Si elle n'intervient pas dans le bon sensé, moi je le ferai.

— Pour une fois Josh, tu as tellement raison. C'est allé trop loin ça.

Raphael les regardait avec un air de surprise.

— Mais de quoi parlez-vous?

— On t'en reparle plus tard. On va laisser une chance à Tasha et si elle ne le fait pas, nous allons le faire. Occupe-toi du courriel à Magalie.

*Magalie,*

*Je vins tout juste de trouver la lettre.*
*Il y a eu beaucoup de changements*
*qui se sont produits depuis ton*
*départ. Le plus important est que je*
*t'aime Magalie, à m'en rendre fou.*
*Ça toujours été ta spécialité de me*
*rendre fou, et bien tu gagnes encore,*
*je t'aime. Deuxièmement, je n'épouse*
*plus Tania. Tu avais raison pour*
*elle. C'est une personne très égoïste,*
*elle est enceinte et elle voulait se*
*faire avorter, mais je n'ai pas voulu,*
*alors elle ne veut pas de l'enfant. Je*
*vais l'avoir avec garde exclusive.*
*Elle ne pense qu'à elle. Si tu veux*
*bien m'accepter dans ta vie, tu*
*devras aussi accepter mon enfant.*

*Magalie, revint moi, je t'aime*

*Raphael*


Raphael alla rejoindre ses parents à la cuisine.


— Qu'est-ce que tu fais avec ton ordinateur portable, tu le branches dans la cuisine?

— Oui, il y toujours quelqu'un à la cuisine et je vais le laisser ouvert. Quand elle me répondra, nous verrons le message plus vite. Si nous avons de la chance et que nous voyons le message entrer, nous pourrons peut-être converser avec elle directement.

— Bonne idée.

— Est-ce que vous avez parlé à tante Tasha?

— Oui, nous allons lui laisser quelques jours tu veux.

— Je ne sais pas parce que je ne sais pas de quoi vous parlez alors.

Magalie put accéder à ses messages que trois semaines plus tard. Les choses s'étaient calmées un peu. Son équipe devait bouger constamment à cause des attaques incessantes.

*Raphael,*

*Désolé d'avoir brisé ton couple et mis de la discorde en n'acceptant pas Tania. Je me suis maintenant trouvé un autre vie. Ne te sens pas coupable par mon départ. Tu n'as pas à détruire ta vie pour que je revienne. Reprends ta vie avec Tania et le bébé. Oublie-moi. Il aurait été peut-être préférable que je ne t'écris pas, tu aurais oublié plus facilement. Mon équipe se déplace constamment, personne ne peut savoir quand sera notre prochain déplacement et où nous irons. Je n'ai pas beaucoup de chance de regarder mes courriels. C'est la première fois depuis trois semaines. Dis bonjour à maman pour moi.*

*Merci*

*Amitié Magalie.*

Raphael avait fait tout le nécessaire pour se retrouver dans la ville la plus près d'où était Magalie. Il devait avoir une permission spéciale pour aller plus loin. L'amour n'était pas au menu sur cette liste. Alors il ne pouvait se rapprocher de Magalie. Il allait régulièrement à l'ambassade des États-Unis pour savoir si elle n'était pas sortie de cet enfer. Il ne voyait jamais son nom sur la liste. Cette liste lui donnait des sueurs.

# L'AMOUR INTERDIT DE MAGALIE

Comment Magalie avait-elle fait une chose pareille? Si ce n'avait pas été de cette histoire d'amour, elle lui aurait demandé conseil comme elle le faisait toujours avant leur premier baiser.

— "Ce baiser, je l'ai encore sur les lèvres qui me brûlent".

Raphael retrouva à son hôtel et entrepris de regarder ses courriels. Il vit son dernier message.

— Ah merde! Magalie, Magalie JE T'AIME.

Il criait tellement le message lui déchirait le coeur.

— "Elle ne dit plus qu'elle m'aime, elle pense que j'ai fait ça pour...mais pourquoi merde? Elle me dit "Amitié". Je ne veux plus de ton amitié Magalie, je veux t'aimer, te faire l'amour, te garder toujours dans mes bras".

*Magalie,*

*Je suis déjà tout près de toi à ta recherche. Personne ne veut me laisser entrer dans cet enfer. La façon que j'ai pensé d'y arriver est de m'inscrire tout comme toi pour faire de l'aide humanitaire, comme avec l'espérance de te retrouver. Mais malheureusement,  on  m'a appris que tu t'étais engagé pour six mois, aussi on m'informe que même si je m'inscris  et que je pars, il y a beaucoup trop de chance pour que je ne te croise pas du tout. Magalie, je ne pourrai pas attendre six mois. Je cherche d'autres solutions. Ne désespère  pas mon amour, je trouverai un moyen de venir te chercher ou de te sortir de là. Magalie, tu te méprends sur la raison pour laquelle je t'aime et que je me suis séparé de Tania. Je t'aimais au premier baiser mon amour et je n'ai jamais cessé de t'aimer depuis ce jour.Je t'attendrai.*

*JE T'AIME.*

*Raphael.*


Tasha était maintenant au ranch, elle avait dût garder ses gardes du corps tellement il y avait eu de médiatisation autour de la fugue de Magalie.

— Chloé, t'as eu des nouvelles des enfants?

— Non pas aujourd'hui, mais Raphael m'écrit régulièrement. Magalie lui écrit que très rarement. Il essaie par tous les moyens de la faire sortir, mais il n'y arrive pas.

— Avec tous les efforts qu'il y met, ils s'aiment vraiment hein?

— Oui, y'a rien à faire pour les arrêter. Je suis préoccupé par cela. Quand ils reviendront Tasha, tu ne devras pas intervenir avec en tête de les dissuader. Tu devras plutôt leur dire la vérité. J'ai peur que si tu essaies de les séparer, qu'ils partent loin de nous et ce n'est pas ça que je veux pour mon fils. Alors Tasha, soit bien avisé que si tu fais quelque chose qui les perturbe, je devrai choisir entre toi et mon fils. Crois-moi Tasha, ce n'est pas ce que je veux. Magalie t'aimes Tasha, elle aura besoin de toi et de ton consentement.

— Oui, je sais Chloé, je suis venue ici avec la seule intention de vivre enfin avec ma fille. Chloé, j'ai annulé tous mes spectacles, entrevus, tout, tout, tout.

Chloé regarda sa soeur qu'elle aimait tant dans les yeux et la larme leurs coulèrent à toutes les deux.

— Tasha, tu as fait ça?

— Oui, je n'y retrouverai plus ensuite non plus. Plus jamais. J'ai beaucoup trop négligé Magalie en pensant qu'elle était heureuse parce que je lui donnais tout. J'ai été égoïste, maintenant je la paye. Cette enfant n'a jamais eu de maison.

— Elle aime le ranch et tu sais très bien que c'est le mal que cela lui faisait d'aimer Raphael qui la vraiment fait partir.

— Non, pas juste cela, j'en suis sûre. Elle se sentait perdue depuis quelques années.

— Si je peux te rassurer, Tasha, Josh et moi avons beaucoup parlé et nous en sommes venus à être très heureux que Raphael aime Magalie. Il n'était pas heureux avec Tania, tandis que quand il se retrouve avec Magalie, il est heureux. Naturellement, ça, c'était avant le baiser du feu.

— Hein!

— Le baiser du feu, il te brûle toujours. Tu n'y peux rien et tu ne pourras jamais l'oublier.

— T'as pas pris ça dans un film toi par hasard?

— Oui.

Elles rirent ensemble.

— Chloé, quelque chose à te demander.

— Quoi?

— Magalie et moi avons toujours adoré venir au ranch, en partie parce que vous étiez là et que vous rendiez ce ranch vivant.

Chloé perdit son sourire

— Tu veux reprendre le ranch, il est à toi, tu sais.

— Non, je l'ai acheté pour vous, mais aussi un endroit où nous pouvions venir nous y reposer. Je sais qu'il y a assez d'hectar de terrain sur ce ranch pour que je puisse m'y établir aussi.

— Quoi, c'est merveilleux Tasha, tu seras toujours près de moi?

Chloé lui sauta au cou.

— Je ne croyais pas te créer une si grande joie, mais je suis très contente moi aussi.

— Josh arriva, il demanda des nouvelles des enfants lui aussi. C'est tout ce qu'ils avaient tous dans la bouche, le mot "enfants". Tasha et Chloé lui fient signe que non.

— Il y a de plus en plus de journalistes à l'entrée du ranch.

— Je vais aller leur parler, car ils ne partiront pas.

Raphael se dirigeait vers l'ambassade pour consulter la liste à nouveau. Il avait de moins en moins de courriel de Magalie, l'été tirait à sa fin et Magalie ne lui était pas revenue. Il désespérait de devoir attendre jusqu'à la fin du contrat qu'elle avait signé.

Tasha alla vers Christian, son garde du corps personnel. C'est aussi lui qui était responsable de tous les autres gardes du corps, ses déplacements et en fait, elle avait mis sa vie entre ses mains.

— Salut toi.

— Tu viens dire bonjour.

— Oui, prépare-les, sinon ils vont établirent campement ici.

— Tu as bien raison.

Christian demanda aux autres gardes de faire réunir tous les journalistes au même endroit.

Après s'être adressé à eux, Tasha voulait retourner au ranch à pied.

— Je te raccompagne Tasha. J'aimerais avoir des nouvelles plus précises moi.

— Depuis qu'elle s'est engagée dans l'aide humanitaire, il est très difficile de la retrouver.

— Tasha, si tu me donnais plus d'information, je pourrai peut-être faire quelque chose, mais je crois que cela pourrait te coûter cher.

— Je me fou de l'argent Christian, tu le sais bien, j'ai de l'argent à ne plus savoir quoi en faire.

— Bon, j'ai toujours de bons amis dans l'armée.

— Tasha arqua les sourcils.

— Mais tu crois qu'ils pourraient t'aider pour cela. L'Armée des États-Unis n'est pas en jeu.

— Je sais, mais si c'est bien payé...

— L'armée irait?

— Non, mais ne répète pas ce que je vais te dire. Je pourrais monter une équipe de commando spécial. J'y étais alors je connais des gens qui n'ont pas peur, tu vois.

— Oh! oui je vois. Je paierai n'importe quoi.

— Chérie, c'est moi qui s'occuperai de cette unité, alors je vais payer juste ce qu'il faut.

— Paye et prend les meilleurs, tu entends.

— Je dois parler à Raphael, c'est lui qui doit avoir le plus de détails et il devra être notre point de repère.

— Bien, entre et je vais faire le nécessaire. Nous allons l'appeler.

Avant d'entrer dans la maison, elle le regarda et l'embrassa. Christian, je t'aime chéri. Il la sera fort dans ses bras.

— Moi aussi Tasha.

— Entre et reste avec moi. Je ne veux plus te voir travailler. Tu iras chercher tes choses et monte-les dans ma chambre.

— Tu crois que ce serait bien?

— Je ne veux plus entendre parler de mon image ou si cela serait bien ou pas. Je t'aime et je veux vivre avec toi.

— Tasha, je t'aime tellement aussi ma chérie. Je ne croyais jamais que ce jour arriverait.

Ils entrèrent pour trouver Chloé dans la cuisine. Tasha montra à Christian l'ordinateur qu'ils utilisaient pour communiquer avec Raphael. Tasha expliqua ce que Christian lui avait proposé à Chloé.

— Ce sera le meilleur moyen, je crois, je commence à désespérer qu'elle ne puisse pas sortir avant la fin du contrat.

— Oui, tu as raison et nous on commence à sentir que Raphael se décourage de plus en plus. Josh voulait le retrouver là bas, mais Raphael dit que cela est nullement nécessaire, qu'ils seraient deux à attendre au lieu de un.

— Chloé, je vais aussi te mettre dans la confidence, mais ce que je vous dis ou ce qui se passera ici, si tu acceptes, sera strictement confidentiel.

— Sans problème Christian.

— Nous allons avoir besoin d'utiliser cette maison pour y arriver. Ce sera un peu comme un point de repère pour nous. Nous aurions besoin d'établir un poste de commandement ici. Aurais-tu une pièce où nous pourrions mettre une grande table et une petite cuisine pour les deux gars qui resteront en permanence dans cette salle. Ils seront peut-être plusieurs jours ici.

— Pourquoi ne pas utiliser la cuisine dans ce cas, si je peux quand même y faire mes repas? Elle est assez grande pour installer une autre grande table et les gars pourraient manger avec nous. Tout serait à la portée de main pour eux, la salle de bain est juste à côté et s'ils veulent prendre un peu d'air, ils pourront sortir sur le porche.

— Parfaits, ils seront heureux. Je peux te dire qu'ils t'aiment déjà...naturellement ça c'est si tu leur fais la cuisine.


Chloé sourit.


— Quand commence t-ont?

— Si vous permettez mes dames, je m'assois ici et je commence immédiatement.

— Parfait, tu as besoin de quoi que ce soit?

— Oui, quelques feuilles, un crayon, le numéro du téléphone portable de Raphael et peut-être un thé.

— Moi je m'occupe du thé et Chloé toi du reste.

Christian commença par appeler Raphael et lui parla pendant une heure. Il lui avait indiqué que sa chambre d'hôtel pouvait devenir leur point de chute, car ils pouvaient prendre le risque de louer une chambre à leur nom. Raphael lui donna toutes les informations qu'il pouvait trouver dans les courriels que Magalie lui avait donnés. Par la suite, Christian réussit à rejoindre deux des gars qu'ils avaient appelés.

— Josh était entré et on lui avait tout expliqué, il décida de faire son installation et alla en ville chercher ce qui leur manquait pour monter un centre de communication. Ils devaient avoir plusieurs ordinateurs, téléphone portable à cartes payantes.

—

— J'ai réussi à joindre deux des gars que je voulais, ils sont déjà en route pour ici.

— Tu sais que je peux mettre mon avion à ton service et peut-être pourrions-nous acheter un hélicoptère aussi.

Chloé et Josh la regardaient surpris. Tasha fit semblant de ne pas les voir.

— "Hé oui, je suis si riche que ça soeurette"

— Oui, ce serait une très bonne idée. Je m'en occupe.

Quelques minutes plus tard, Christian reprit de plus belle. Tasha ne l'avait jamais vraiment regardé en action, il était beau, sûr de lui et très respectueux en demandant ce dont il avait besoin. Elle l'aimait depuis si longtemps, enfin elle allait avoir la vie qu'elle voulait maintenant et avec lui.

Quatre des gars ne m'ont pas encore répondu, mais cela ne tardera pas.

On frappa à la porte.

— C'est pour toi Christian.

— Grant!

Ils se fient l'accolade.

— Je suis si content de te revoir.

Il le présenta et Tasha ne put s'empêcher d'être surprise.

— C'est un honneur Tasha de pouvoir te rencontrer en personne.

— Merci Grant.

— Tasha se retrouna vers Christian.

— C'est déjà un des gars ça, vous êtes rapide, vous savez.

— Grant lui sourit.

— J'ai un ranch dans la région. Je suis venu tout de suite pour aider à Christian à préparer le terrain.

— Il veut dire recueillir les informations pour pouvoir partir sur le terrain.

Soudain Tasha comprit.

— Christian...tu...tu vas avec eux?

Il la prit dans ses bras.

— Oui, chérie je dois y aller. Je suis le meilleur dans mon domaine et je veux le meilleur pour retrouver Magalie.

— C'est Magalie le nom de ta fille Christian, c'est un joli nom.

Christian regarda Tasha, puis répondit à Grant.

— Oui, c'est ma fille et je dois la sortir de là à n'importe quel prix.

Il resserra l'étreinte sur Tasha. Elle avait les larmes aux yeux et acquiesça avec un sourire.

— Elle t'aime tant chéri.

Christian aida Grant à s'installer. Chloé lui avait donné la chambre de Magalie le temps que les autres gars arrivent au ranch.

— Grant, y'a quelque chose que je ne comprends pas.

Grant riait .

— Tu en reperds mon gars.

— Comment as-tu passé mes gardes?

— Je suis venu à cheval. Josh m'a même donné un box pour mon cheval et il dit qu'il va bien s'en occuper jusqu'à mon retour.

— Tu es plus intelligent qu'un journaliste.

Raphael reçut un autre message de Magalie.

*J'essaie de sortir d'ici, je n'en peu plus, mais on me dit que cela ne sera pas possible avant un mois au moins. Je te rejoins.*

*Attends-moi s'il vous plait.*

*Je t'aime Raphael.*

*Magalie.*

Cela faisait déjà deux mois qu'elle était là. Raphael appela immédiatement au ranch comme demandé par Christian.

— Elle essaye de sortir, mais elle dit que cela ne sera pas possible avant au moins un mois.

— Écoute Raphael, nous continuons quand même, car je veux la sortir de la plus vite.

— Merci Christian, c'est ce que je voulais entendre. Maintenant j'aurais besoin de parler à mes parents.

— Ta mère est ici, je te la passe.

— Raphael mon chéri, ça va?

— C'est de plus en plus dur cette attente, mais avec l'entrée de Christian dans la partie, cela me semble moins dure, j'ai regagné un peu d'espérance. Je l'aime tant maman.

— Tu la reverras Raphael.

— J'aurais besoin que tu déposes de l'argent dans mon compte bancaire maman, je suis presque à sec.

— Je t'en déposerai immédiatement après notre conversation.

— Bien, merci maman. Je te repaierai ça.

— Il n'est pas question que tu me repaies Raphael. Reviens-nous avec Magalie mon chéri et nous serons la famille la plus riche du monde.

Tasha pleurait de joie. Elle regardait Christian et Grant.

— Vous avez entendu, elle essaie de sortir de là.

Christian la prit dans ses bras.

— Tasha, ils lui disent cela pour qu'elle patiente. Ils ne vont pas essayer de la sortir. Dans un mois, ils lui diront encore la même chose, jusqu'à ce que son contrat soit terminé. Même si le contrat est terminé quelques fois, ils les gardent jusqu'à trois mois de plus à leur dire qu'ils n'ont aucun moyen pour les sortir.

— Ah! moi qui me faisais une joie d'entendre cela.

— Je ne voulais pas le dire à Raphael, il a l'air assez abattu comme cela.

— Non, merci.

Elle alla trouver Chloé et s'arrangea pour qu'un million de dollars soient déposés au compte de Raphael.

— C'est à moi à payer et non à toi Chloé. N'en parlons plus.

Trois autres gars arrivèrent le lendemain et deux autres la journée suivante. Christian appela Tasha, Chloé et Josh dans la cuisine.

— Écoutez j'ai du nouveau que je ne peux dire à Raphael par téléphone ou par courriel. Ce que je vais vous dire ne doit pas sortir d'ici. Je vais aviser Raphael de vive voix quand nous arriverons. J'ai réussi à avoir un contact direct avec l'agence d'aide humanitaire. Il essaie de trouver Magalie sur le terrain. À la minute qu'il nous indique où elle se trouve, nous bougerons. Nous partons sur un vol ce soir.

— "Enfin, Magalie ma petite chérie".

— J'ai aussi réussi à trouver un contact interne, c'est à dire sur le terrain, je lui ai envoyé la photo de Magalie sur internet. Lui aussi va nous aviser immédiatement s'il la voit.

— Merci Christian, oh! chéri, va chercher notre fille.

Tous avaient les yeux mouillés. Cette histoire devenait de plus en plus émouvante pour tous avec la fatigue qu'ils avaient accumulée.

— Vient Tasha, nous allons monter nous coucher, nous partons demain et je dois me reposer. Je me sentirais mieux si tu essayais de dormir aussi.

— Oui.

Josh et Chloé en firent autant.

Trois jours plus tard, quatre gars embarquaient pour sauver Magalie et deux restèrent au poste de commandement qui était la cuisine de Chloé. Ils arrivèrent à la chambre de Raphael et celui-ci avait réussi à trouver tout ce que Christian lui avait demandé. Christian s'empressa d'informer Raphael des derniers développements.

La chambre était petite pour ces cinq gars. Raphael étouffait, mais il ne se plaignait pas, la seule chose qu'il voulait, c'était Magalie.

Deux jours plus tard, Christian reçut une communication et c'était parti pour eux.

— Cette nuit, nous bougeons les gars.

Il sortit la carte graphique et indiquait où Magalie avait été vue le jour même.

— Raphael, nous sommes très chanceux, car habituellement, quand nous recevons des appels, ils nous disent l'avoir vu une semaine plutôt ou quelque chose dans le genre. Alors, prépare-toi, car nous ressortirons très vite de là.

Christian lui donna les consignes qui devaient être suivies à leur retour. Raphael devait prendre les deux sacs à dos remplis d'articles électroniques et les laisser aller dans la rivière qu'ils avaient repérée ensemble. Le bateau était déjà prêt et en attente.

— Ne t'inquiète pas je le ferai immédiatement après votre départ.

— Vous partirez le lendemain pour éviter les liens entre nous.

— Bien. Enfin Christian, je sens que j'ai une chance de la revoir.

Depuis vingt-trois heures que l'équipe était partie. Soudain Raphael entendit frapper à sa porte. Son coeur s'arrêta. Il ouvrit la porte en vitesse. Magalie était devant ses yeux, elle avait un jeune enfant dans ses bras. Ils entrèrent tous et Christian poussa Magalie à l'intérieur et prit l'enfant dans ses bras.

Raphael la prit si fort dans ses bras. Ils pleuraient tous les deux.

— Magalie, mon amour enfin.

— Je suis désolé Raphael d'avoir causé tant de problèmes.

— Hé! tu te la fermes là et tu m'embrasses.

Elle sourit à travers ses larmes et ils s'embrassèrent à ne plus avoir de souffle.

— Je t'aime mon amour.

— Comment te sens-tu?

— J'ai très faim.

— Nous aussi, alors tu dois sortir nous chercher de la nourriture Raphael. N'oublie pas, ne pas prendre tout au même endroit.

— Bien j'y vais. Magalie couche toi en m'attendant.

Raphael en profita pour envoyer un texte rapide au ranch.

*Magalie sauvée, bien, je vous rappelle.*

Raphael passa devant une pharmacie et soudain pensait au jeune garçon. Il appela sa chambre et demanda s'il devait rapporte quelque chose pour le garçon.

— Oui, Magalie dit des couches.

— Bien, des couches comment?

— Les plus grandes pour enfants. Magalie dit qu'il a deux ans.

Raphael revient à la chambre les mains chargé. Tous mangeaient comme s'ils n'avaient jamais mangé. Juste à les regarder, Raphael n'avait plus vraiment faim. Il décida de faire manger l'enfant.

— Comment s'appelle-t-il?

Magalie sourit.

Raphael arqua les sourcils.

— Quoi?

— Personne ne savait son nom, c'est souvent comme ça, alors on leur donne un nom. C'est moi qui lui ai donné un nom.

— Magalie, tu l'as pas appelé Raphael.

— Oui, mais je l'appelle Raf.

Il la prit dans ses bras et l'embrassa.

— Je t'aime petite Magalie d'amour. Si jamais nous avons une fille, je la nommerai Magalie.

— Non, il n'en est pas question.

Christian les regardait et il souriait.

— Je suis si content de vous revoir sourire vous deux. Magalie il faut appeler ta mère maintenant.

Magalie parla pendant quelques minutes à sa mère, ensuite Raphael parla aussi à ses parents. Tous étaient enfin redevenus heureux, mais ils avaient hâte de les avoir au ranch.

— Tu sais ce que Christian m'a fait quand il m'a trouvé?

— Non

— Il m'a pratiquement étouffé.

Tous riaient.

Trois des hommes de Chirstian partirent pour l'aéroport.

— Bon les enfants nous devons parler maintenant, car nous aussi, nous devons partir ce soir sur un autre vol. Raphael j'avais mentionné que vous prendriez l'avion demain, mais avec l'enfant ça change tout. Vous avez deux choix. Que Mégalie reparte par un vol demain et que tu restes ici avec Raf...

Raphael roula des yeux et Christian parti à rire.

— Écoute! Que l'enfant reste ici avec toi ou encore, que vous restiez tous les trois ensembles jusqu'à ce que je puisse avoir des papiers pour l'enfant que je vous ferai parvenir. Que préférez-vous?

Magalie regarda Raphael.

— Je ne veux plus aller nulle part sans toi.

— Je suis bien d'accord. Nous restons ensemble. Par contre, je ne crois pas qu'il y aurait un problème à prendre un autre chambre dans un hôtel plus éloigné des lignes et plus luxueux. J'ai une tante qui a été très généreuse avec moi.

Christian souriait, c'était lui qui s'était occupé du dépôt.

— Très bien, aussitôt arrivée au ranch, je vais contacter mes contacts pour vous faire sortir d'ici avec le petit. Maintenant, je dois prendre sa photo.

Christian en profita pour faire plusieurs photos pour leurs parents. Ensuite Christian et Grant partirent ensemble.

Raphael alla louer une voiture et revint chercher Magalie et le petit Raf. Ils s'éloignèrent des lignes le plus possible et trouvèrent un hôtel luxueux où ils pourraient enfin se prélasser.

— Viens, je vais le prendre, il est accroché à toi depuis que vous êtes arrivés.

— Ces enfants vivent des choses tellement terribles, lui en sera traumatisé c'est sûre.

— Ne t'inquiète pas avec ça Magalie, nous allons lui donner un très bon foyer et de l'amour, il s'en remettra, j'en suis sûre. Je vais lui faire couler un bain.

Raphael attend, il n'a aucun vêtement et moi non plus. Je n'ai pas pu récupérer mon sac.

— Alors que veux-tu faire?

— Nous allons faire vite et aller chercher des vêtements ensuite nous pourra passer au bain et enfin se reposer.

— Très bien.

Après avoir donné le bain de Raf et l'avoir endormie, Magalie était en train de s'endormir quand elle se leva et alla se faire couler un bain elle aussi.

— Attends, déshabille-toi et je m'occupe de ton bain.

Magalie ne bougeait pas. Il la prit dans ses bras et l'embrassa passionnément puis leur baiser devenait de plus en plus brûlant. Leurs corps s'impatientaient. Il commença à lui enlever son linge.

— Tu crois qu'il va dormir pour un moment?

— Oui, tu veux bien venir avec moi dans le bain et me garder dans tes bras.

Ils entrèrent dans le bain et continuèrent à s'embrasser.

— Magalie mon amour.

— Oui Raphael, c'est ce que je veux depuis deux ans maintenant. J'ai assez attendu, je t'aime et je veux que tu me fasses l'amour, j'en ai tellement rêvé.

— Dur de résister ma chérie. Moi aussi j'en ai rêvé et passé des nuits et des nuits à rêver de t'avoir près de moi à mon réveil. Enfin, je t'ai Magalie.

Raphael attrapa son pantalon et prit un condom.

— Voilà, nous sommes prêt ma chérie, je veux t'aimer maintenant.

Il lui fit doucement l'amour ensuite ils sortirent du bain, il l'épongea et ils s'enlacèrent de nouveau jusqu'à ce qu'ils jouissent ensemble.

Raphael se réveilla au petit matin, il alla s'asseoir sur une chaise et les admiraient dormir.

— "Elle est si belle, elle est enfin à moi Magalie mon amour. Un été d'enfer pour retrouver mon trésor".

Il commanda le déjeuner et les réveilla doucement quand celui-ci fût monté.

— Hum, ça sent bon.

— Venez manger. Vous en avez besoin tous les deux.

Raphael prit Raf dans ses bras. L'enfant s'était vite adapté à lui. Raphael le chatouilla un peu et Raf lui souriait. Il semblait très timide.

— Qu'allons-nous faire en attendant les papiers?

— Nous allons regarder pour un parc d'attractions pour faire bouger ce petit garçon et ensuite nous verrons. Je vais demander à la réception pour savoir ce qu'il y a dans la région.

Christian appela avec une bonne nouvelle quatre jours plus tard. Il avait le passeport pour l'enfant.

Raphael, j'ai le passeport pour l'enfant, mais il y avait un problème. Tu sais pour sortir un enfant de son pays, c'est très difficile. Alors...personne ne sait ce que j'ai fait ici, mais j'ai dû vous marier.

— Quoi, nous sommes mariés?

Magalie répéta la même phrase que Raphael.

— Quoi, nous sommes mariés?

— Oui pou Raf.

— J'espère que vous n'êtes pas trop fâché. C'était la seule façon de sortir Raf avec vous.

Raphael regarda Magalie, il souriait et lui fît un clin d'oeil.

— Non, nous ne sommes pas fâchés. Nous allons fêter ça même.

— Alors prend un papier, je te donne une adresse.

— O.K.

Christian lui donna toutes les informations nécessaires. Après avoir les passeports en main qu'ils avaient dû payer très cher, ils se dirigèrent à l'aéroport.

— Nous sommes dans l'avion qui nous amène chez nous Magalie, au ranch.

— Je suis si contente, je ne croyais plus pouvoir sortir de cet enfer.

— C'est fini maintenant. Nous sommes une famille et il n'est plus question que l'ont soient séparé par quoi que ce soit.

Elle se colla à lui. Raf dormait près d'elle. Elle pouvait respirer le bonheur.

— Raphael, je me sens mal à l'aise de tous les revoir après tout le mal que je leur ai fait.

— Magalie, ma chérie je ne veux pas que tu t'en fais avec cela. Tu avais toutes les raisons du monde de le faire. Tout le monde assumait pour toi sans jamais te demander ce que tu voulais ou ce que tu ressentais. Je crois que j'aurais fait la même chose que toi ma chérie. Ils t'aiment tous et ils t'attendent avec impatience et moi aussi je t'attendais avec impatience mon amour.

— Je les aime tous aussi.

— Dans quelques jours, je commencerai la construction de notre maison, un peu plus grands que la cabane par contre.

Ils partirent à rire.

— Tu crois qu'on pourrait construire sur le ranch?

Absolument, je ne pensais même pas construire notre maison ailleurs. Nous avons nos chevaux qui nous attendent aussi.

— Ah! j'ai tellement hâte de monter à nouveau, c'est une des choses que j'ai beaucoup manquées.

— Nous arrivons bientôt. J'ai très hâte de revoir mes parents moi aussi.

En arrivant, ils avaient le comité d'accueil. Tous étaient venus sauf Josh qui devait garder le ranch.

— Magalie, ma chérie.

— Oh! maman, je t'aime si fort.

Magalie était dans les bras de sa mère et elles pleuraient toutes les deux, puis elle regarda autour d'elle.

— "Nous pleurons tous"

Elle sourit. Elle les prit dans ses bras l'un après l'autre. Ils se rendirent au ranch et quand elle entra, Raphael l'attrapa et l'embrassa.

— Bienvenue à la maison Mme James.

Elle avait un gros sourire et elle l'embrassa à nouveau.

— Je t'aime chérie.

— Moi aussi, si tu savais.

Il lui chuchota à l'oreille.

— Tu me montreras ce soir.

— Avec plaisir M. James.

Raphael chercha du regard son père. Quand il le vit, les larmes lui coulaient sur les joues. Il avait son bébé dans ses bras.

— Papa...je...c'est mon bébé?

— Oui Raphael, je te présente ton bébé, il a huit jours. Nous ne voulions pas te tracasser avec sa naissance. Nous avons décidé de plutôt te faire la surprise.

Raphael s'assit à côté de son père et prit son bébé. Magalie approcha pour lui caresser les cheveux.

— Il est magnifique Raphael.

Tous les deux lui donnèrent une bise sur la tête.

— Ma vie a tellement changé, mais je suis si heureux.

— Moi aussi, je n'ai jamais été si heureuse de ma vie.

— Mais je croyais qu'il naîtrait dans deux mois.

— Oui c'est vrai, mais malheureusement quelqu'un était pressé de le faire sortir, alors elle a pris des mesures, disons peu recommandées pour qu'il naisse avant.

— Non, qu'est-ce qu'elle a fait?

— On ne sait pas au juste, mais le bébé a dû rester cinq jours aux soins intensifs, mais maintenant il va bien, les médecins nous l'on assurer.

Raphael n'arrêtait plus de l'embrasser.

— Comment vas-tu l'appeler?

— Magalie et moi allons en discuter, car c'est son garçon à elle aussi et nous vous le dirons demain. Par contre, c'est elle seule qui a décidé le nom de Raf.

Tous riaient.

— C'est un beau nom et je trouve que ça lui va bien. Il est si mignon.

— Bon les enfants nous avons autres choses à vous dire. Avec toutes les émotions que vous avez vécues et l'arrivée du bébé, Chloé et moi avons engagé une nounou pour les enfants. Vous avez à r'attraper du temps et vous installer, retrouver une vie normale. Cela faisait beaucoup pour vous deux. Nous en tant qui étaient ici à vous attendre aviez à s'occuper à quelque chose autre que penser et pleuré.

Magalie lui fit un timide sourire. Chloé prit la parole.

— À partir de cet instant, on ne parle plus du passé, mais du présent et du si bel avenir qui nous attend tous.

Tous s'accordaient avec ce que Chloé venait de dire. Tasha reprit la parole.

— Nous avons donné le meilleur de nous même pour vous simplifier la tâche. J'espère que cela va aller avec vous?

Raphael serra Magalie dans ses bras et ils firent signe que oui. La nounou avait pris le bébé pour le faire boire.

— La nounou des enfants est Melodie. Elle s'avança pour serrer la main de Magalie et Raphael.

— Appelez-moi Mel s'il vous plait.

— Très bien Mel.

— Nous avons aussi fait des chambres aux enfants que nous vous montrerons plus tard. Magalie, tu as perdu ta chambre.

Ils riaient tous.

— Je crois ne plus en avoir besoin. Mais j'ai quand même un peu de peine, c'est là où j'ai eu mon premier baiser.

Raphael la serra dans ses bras, l'embrassa et lui sourit.

— J'en ai plein d'autres pour toi.

Josh prit lui aussi à son tour la parole tout en regardant Tasha.

— Il y a autre chose qu'il faut qui est dit ce soir. Tasha s'il vous plait.

Tasha baissa la tête.

— Bien, je voulais attendre quelques jours, mais je crois que je suis d'accord avec Josh, je dois le dire maintenant. C'est très difficile pour moi. Magalie alla prendre la main de sa mère.

— Maman, si c'est à propos de Christian et toi, il y a longtemps que je sais.

Christian souria à Tasha.

— Oui c'est vrai pour nous deux chérie, je dois te dire qu'il m'a demandé en mariage aussi et que j'ai dit oui. En plus je suis officiellement en retraite de ma carrière. Nous allons nous construire une maison sur le ranch et je ne repartirai plus jamais Magalie. Je veux vivre près de toi et ta famille.

Magalie pleurait.

— Maman, je t'aime. Je suis si contente pour vous deux. Félicitation.

— Merci ma chérie, mais ce que je dois te dire est beaucoup plus important que cela. Je ne sais pas comment te le dire ma chérie.

Tasha prit la tête de Magalie entre ses mains comme si elle avait peur que sa fille s'enfuie une autre fois.

— Magalie, je t'ai adopté à ta naissance.

Magalie ne bougeait plus, trop de choses passaient dans sa tête au même instant. Raphael s'approcha d'elle et lui prit la main. Tasha laissa aller ses mains et elle regarda Raphael dans les yeux.

— Raphael, je vais pouvoir te donner un enfant.

Il la prit en souriant et la serra dans ses bras et lui dit en lui caressant la figure.

— Pas tout de suite ma chérie, je crois que nous allons être un peu occupé avec les enfants.

Elle lui sourit et l'embrassa.

Ils montèrent et Raphael lui fit l'amour toute la nuit. Ils se levèrent pour le dîner et partirent à cheval.

— Magalie, je crois avoir trouvé un nom pour notre bébé.

— Lequel?

— Migael.

— Tu me fais le coup hein?

Il lui sourit.

— J'adore ce nom, tu veux bien qu'on l'appelle comme ça6

— Alors ce sera Migael.

Le lendemain toutes les femmes partirent ensemble pour que Magalie puisse faire l'achat d'une garde-robe pour elle et les enfants. Raphael en profita pour se rendre en ville et acheter une bague à Magalie. Le soir quand ils furent dans leur chambre Raphael lui présenta la bague.

— J'ai quelque chose pour toi chérie.

Il lui mit la bague au doigt.

— Quelle belle façon de me présenter une bague, nous sommes nus dans le lit!

— La meilleure façon que je connais. Je ne pouvais plus attendre et je ne voulais pas le faire devant nos admirateurs. Ils sont collants un peu, j'ai tellement hâte de t'entrer dans notre chambre, dans notre maison à nous.

— Ça viendra, rien ne pourra nous arrêter maintenant. As-tu déjà trouvé un modèle?

Il sourit et alla chercher un croquis qu'il avait fait.

— Regarde, ça te plaît?

— Hum, ça semble énorme, mais je crois que nous en aurons besoin.

Ils rirent, ils étaient maintenant si heureux.

— Je vais faire mon cabinet de vétérinaire adjacent à l'écurie. Mon père trouve que c'est une bonne idée.

— Ce sera parfait.

— Où exactement devrions-nous construire la maison?

Magalie pensait et soudain, elle savait.

— Que dirais-tu où est la cabane?

Raphael ferma les yeux et sourit.

— L'endroit parfait pour nous. Nous serons sur le bord de la rivière et ce n'est qu'à cinq minutes d'ici.

Ils examinèrent les plans ensemble et s'accordèrent sur quelques détails que Raphael n'avait pas pensé en dessinant les plans.

— Demain j'irai voir un architecte pour faire ça en urgence. Je te veux à moi seul et dans notre maison.

— Oui. Raphael, je sais que nous sommes mariés maintenant, même si nous y étions pas.

Ils partirent à rire.

Tasha et Christian les entendirent en passant devant la chambre.

— Ils sont heureux et nous aussi.

— Raphael, arrête maintenant, c'est sérieux.

— Très bien je t'écoute.

— J'aimerais me remarier sur le ranch ici.

Il la regarda dans les yeux, lui prit la figure dans les mains et l'embrassa tendrement.

— Maintenant que tu es à moi mon amour, tu peux me demander ce que tu veux et je dirai oui.

— Je garderai toujours ses paroles en mémoire.

Ils firent l'amour et s'endormirent dans les bras l'un de l'autre.

Le lendemain Magalie décida de reparler de l'adoption à sa mère. Cela la dérangeait, elle se devait de lui en parler.

— Maman, peut-on parler de l'adoption?

— Oui ma chérie, j'attendais que tu me le demandes, que tu sois prête.

— Mais je vais commencer par te dire qu'avant mon départ je ne comprenais pas toujours tes choix pour moi, mais maintenant je comprends très bien les choix que tu as faits pour moi et je les accepte. Je t'aime maman et rien n'y personne ne pourra changer cela, tu es ma seule et unique mère. Je voudrais aussi te remercier pour l'argent que tu as déposé au compte de Raphael, il m'a dit que tu ne voulais pas le r'avoir. Merci pour cela.

— Merci, Magalie pour ce que tu viens de me dire. Je vais t'expliquer maintenant. Tu te souviens de Véronique qui travaillait pour moi?

— Oui je me rappelle très bien d'elle. Elle a toujours été si gentille avec moi.

— Hé bien ! Magalie c'est ta tante, car elle était la soeur de ta mère. Ta mère est décédée en te mettant au monde et ta grand-mère était trop âgé pour prendre la charge d'un bébé, Véronique travaillait avec moi, mais elle ne se sentait pas capable de prendre un bébé, elle voulait garder son emploi et n'avait pas les moyens pour te garder et te voyager avec nous. Je lui ai offert de payer, mais elle ne se sentait pas capable, je crois. Alors tu avais à peu près cinq jours quand je suis arrivée ici au ranch et que j'ai vu Raphael, il était si mignon. Véronique avait eu le malheur de me montrer une photo de toi et en voyant Raphael, ton image revenait constamment me hanter. J'ai appelé Véronique et je suis allée te chercher.

Toutes les deux pleuraient à chaudes larmes.

— Merci de m'avoir adopté maman.

— Jamais je n'aurais cru que tu me remercierais pour cela un jour.

Raphael s'était rapproché et les enlaça toutes les deux.

— Maman, Raphael et moi allons nous marier sur le ranch pour officialiser le faux mariage que Christian nous a fait.

— Oui, ce gars, je crois qu'il peut tout faire, tu sais. Hum, croyez-vous qu'il serait envisageable que nous puissions nous marier à la même cérémonie?

Raphael et Magalie sourirent.

— Mais oui tante Tasha, ce serait merveilleux.

Deux mois plus tard, les deux maisons étaient montées, Tasha et Christian étaient installés dans la leur et le double mariage était célébré aujourd'hui. Magalie et Raphael entraient dans leur maison le soir de leur mariage ensuite ils partaient tous les deux pour Paris pour leur voyage de noces.

Magalie était chez sa mère avec Chloé, elles étaient à se préparer pour le mariage qui devait être célébré dans quelques heures.

— Magalie, ça va ma chérie?

— Oui, je suis si contente, je suis un peu fatigué. Tellement de choses se sont passées dans ma vie depuis si peu de temps.

— Oui, mais n'oublie pas Magalie, ce sont de bonnes choses maintenant.

— Je sais, mais je suis quand même fatigué.

— Tu sais Magalie, moi je crois qu'il y a quelque chose et j'en suis certaine.

— De quoi parles-tu tante Chloé?

— Tu ne manges plus bien le matin et tu es très fatigué.


Tasha ouvrit grand les yeux.


— Tu crois Chloé?

— Oh oui ! j'en suis sûre.

— Hoé! je suis toujours là, de quoi parlez-vous?

— Ma chérie, je crois que tu es enceinte.

— Non je prends la pilule depuis que je suis revenue.

— Est-ce que Raphael a continué à prendre des condoms?

— Ah! tante Chloé, mais quelle question?

— Bon alors je formule d'une autre façon. Quand une femme commence à prendre la pilule pour ne pas avoir d'enfant, la pilule ne fait pas un bon effet avant au moins trois mois dans le système de la femme, alors le... Magalie se laissa aller sur la chaise en se prenant la figure dans les mains.

— Ah! merde, arrête j'ai compris.

Tasha et Chloé essayaient de ne pas sourire, mais cela leur était très difficile. Magalie releva la tête et les regarda tous les deux.

— Ah! vous n'êtes pas drôle. Quand pensez-vous que je pourrais en être sûre?

Chloé alla dans sa bourse et en sortit une boîte qu'elle remit à Magalie.

— Tu ne peux pas être plus certaine que cela, elle m'a déjà acheté le test.

— Va faire le teste à la salle de bain et ne nous laisses surtout pas attendre. Aussitôt fait, tu sors que nous puissions voir avec toi.

Elles partirent toutes à rire.

Quelques minutes plus tard, Magalie revenait avec le bâton dans la main. Les trois femmes avaient les yeux rivés sur celui-ci.

— Les minutes sont longues, vous ne trouvez pas?

Elles se regardèrent et riaient.

Le bâton prit enfin de la couleur. Magalie attendait un enfant.

Tasha et Chloé riaient et sautaient de joie et Magalie était sidérée sur place.

— Ma chérie, tu es enceinte de Raphael, tu dois te réjouir. J'engagerai une autre nounou, même deux si tu veux.

— Mais peut-être que Raphael ne sera pas content, après tout il voulait que nous attendions et j'étais bien d'accord avec cette décision.

— Mais non ma chérie, Raphael sera fou de joie. Réjouis-toi, vous vous aimez et cet enfant est le vôtre.

Magalie se permit un petit sourire.

— Quand devrais-je lui apprendre?

— Le plus tôt sera le mieux.

— Alors j'y vais tout de suite.

Elle sortit en trompe de la maison et sauta dans l'auto.

Chloé décida d'appeler Josh pour lui dire que Magalie arrivait vers eux. Elle lui apprit qu'elle venait de découvrir qu'elle attendait un enfant.

— Ne le dis pas à Raphael, mais assure-toi qu'il est prêt à la recevoir.

— Elle arrive.

— Raphael...Ah! oncle Josh où est Raphael?

— Dans votre chambre ma chérie.

Il avait un énorme sourire au visage.

— Ah toi! Tu sais.

Elle monta et ouvrit la porte de la chambre pour trouver un Raphael nu qui s'apprêtait à s'habiller.

— Tu m'as fait peur. Je ne m'attendais pas à te voir ici. Je croyais que c'était quelqu'un d'autre qui entrait.

— Non, comme tu vois, c'est moi, je dois te parler Raphael.

Elle se lança dans ses bras en sanglots.

— Mais qu'est-ce qu'il y a mon amour?

— Je viens d'apprendre que je suis enceinte, ces pilules que le médecin m'a donné, ta mère dit qu'ils ne font pas un effet maximal dans le système avant au moins trois mois. Ce médecin a manqué à sa tâche, il ne me l'a pas dit.

— Magalie, tu es enceinte?

Elle pleura de plus belle.

— Oui, mais ce n'est pas ma faute.

Il lui prit le menton et l'embrassa.

— Je suis si content. Je ne voulais pas te le dire, mais j'aime les enfants que nous avons et je les aimerai toujours. Mais un enfant de nous deux Magalie, c'est merveilleux.

Magalie cessa de pleurer instantanément.

— Hein! tu trouves...je veux dire tout de suite.

— Ce serait dur de dire non, il est là et tu fais de moi l'homme le plus heureux mon amour. Je t'aime Magalie et nous voulions cet enfant.

— Tu as raison, je t'aime tant Raphael.

— Là je crois que tu dois retourner chez ta mère ou je te jure que je vais devoir te coucher sur ce lit.

Elle sourit et enlaça ses jambes autour de sa taille.

— Si on fait vite, tu sais...

Il l'embrassa et lui fît l'amour pour ensuite la mettre hors de sa chambre.

Magalie revint chez sa mère avec le sourire.

— Hé chérie ! qu'est-ce que Raphael a dit?

— Oh lui! Il est très content.

— Alors, finissons de nous préparer, il ne nous reste que quelques minutes. Mais qu'est-ce que tu as fait à tes cheveux.

— C'est Raphael, il était si content.

Elles se rendirent sous la tente où le mariage devait être célébré. Christian conduisait avec fierté Magalie jusqu'à Raphael. Après leur mariage, le tout se répéta avec Christian et Tasha.

Magalie et Raphael arrivèrent enfin de leur maison pour y habiter. Raphael prit Magalie dans ses bras à l'entrée de la maison jusqu'à leur chambre. En ouvrant les portes de celle-ci, un parfum de lavande flottait dans l'air, il y avait des pétales de roses rouges partout sur le lit, des chandelles étaient allumées dans la salle de bain, le bain moussant était coulé et une bouteille de champagne et deux coupes les attendaient.

Raphael mon chéri c'est merveilleux.

Il la prit et l'embrassa, referma la porte et commença à lui enlever ses vêtements. Elle en fit autant avec lui. Il l'attira vers la salle de bain tout en l'embrassant.

## **<u>Trouvez-les, ils sont là</u>**

Mon bel amour

Le Prince Aja envoûté par Danna

Ogan Mezzo que rien n'arrête trouvera les amours de sa vie

La redoutable Zoé Mezzo devant la défaite…et l'amour

Zack Mezzo, le beau charmeur chevauche avec l'amour

Emmanuël Mezzo face à son secret

Michaël Mezzo tourmenté par ses amours

La famille Mezzo : L'intégral

L'amour interdit de Magalie

Amoureuse de son sauveur

Le cadeau de Gabriella

Un cowboy pour Mia

Mon ange gardien sexuel

Deux mois d'amour, une vie de passion

Mon oiseau volage d'amour

Annie taquine l'amour de sa vie

Destinée à lui

Alyssa, tu es mienne, eres mías